LE MEDECIN MALGRE'-LUY,

COMEDIE.

Par J. B. P. MOLIERE.

Suivant la Copie imprimée

A PARIS.

M. DC. LXXIV.

ACTEURS.

SGANARELLE, Mary de Martine.

MARTINE, Femme de Sganarelle.

M. ROBERT, Voisin de Sganarelle.

VALERE, Domestique de Geronte.

LUCAS, Mary de Jacqueline.

GERONTE, Pere de Lucinde.

JACQUELINE, Nourrice chez Geronte & femme de Lucas.

LUCINDE, Fille de Geronte.

LEANDRE, Amant de Lucinde.

THIBAUT, Pere de Perrin.]

PERRIN, Fils de Thibaut Païsan.]

LE MEDECIN MALGRE'-LUY,

COMEDIE.

ACTE PREMIER.

SCENE PREMIERE.

SGANARELLE, MARTINE.

Paroiſſant ſur le Theatre en ſe querellant.

SGANARELLE.

ON je te dy que je n'en veux rien faire : & que c'eſt à moy de parler, & d'eſtre le Maiſtre.

MARTINE.

Et je te dy moy, que je veux que tu vives à ma fantaiſie : & que je ne me ſuis point mariée avec toy, pour ſouffrir tes fredaines.

SGANARELLE.

O la grande fatigue que d'avoir une femme : & qu'Ariſtote a bien raiſon, quand il dit qu'une femme eſt pire qu'un Demon ?

MARTINE.

Voyez un peu l'habile homme, avec ſon beneſt d'Ariſtote.

SGANARELLE.

Ouy, habile homme, trouve moy un faiſeur de fagots, qui ſçache, comme moy, raiſonner des choſes, qui ait ſervi ſix ans un fameux Medecin, & qui ait ſceu dans ſon jeune âge, ſon rudiment par cœur.

A 2

MAR-

MARTINE.

Pefte du Fou fieffé.

SGANARELLE.

Pefte de la Carogne.

MARTINE.

Que maudit foit l'heure , & le jour où je m'avifay d'aller dire ouy.

SGANARELLE.

Que maudit foit le Becquecornu de Notaire , qui me fit figner ma ruïne.

MARTINE.

C'eft bien à toy , vrayment , à te plaindre de cette affaire : Devrois-tu eftre un feul moment , fans rendre grace au Ciel de m'avoir pour ta femme , & meritois-tu d'époufer une perfonne comme moy ?

SGANARELLE.

Il eft vray que tu me fis trop d'honneur : & que j'eus lieu de me loüer la premiere nuit de nos noces. Hé ! morbleu, ne me fais point parler là-deffus, je dirois de certaines chofes....

MARTINE.

Quoy ? que dirois-tu ?

SGANARELLE.

Bafte, laiffons là ce chapitre, il fuffit que nous fçavons ce que nous fçavons : & que tu fus bien-heureufe de me trouver.

MARTINE.

Qu'appelles-tu bien-heureufe de te trouver , un homme qui me reduit à l'Hofpital, un débauché, un traiftre qui me mange tout ce que j'ay ?

SGANARELLE.

Tu as menti , j'en boy une partie.

MARTINE.

Qui me vend , piece à piece , tout ce qui eft dans le logis.

SGANARELLE.

C'eft vivre de ménage.

MAR-

M A R T I N E.

Qui m'a osté jusqu'au lict que j'avois.

S G A N A R E L L E.

Tu t'en leveras plus matin.

M A R T I N E.

Enfin, qui ne laisse aucun meuble dans toute la maison.

S G A N A R E L L E.

On en deménage plus aisement.

M A R T I N E.

Et qui du matin jusqu'au soir, ne fait que joüer, & que boire.

S G A N A R E L L E.

C'est pour ne me point ennüyer.

M A R T I N E.

Et que veux-tu pendant ce temps, que je fasse avec ma famille.

S G A N A R E L L E.

Tout ce qu'il te plaira.

M A R T I N E.

J'ay quatre pauvres petits enfans sur les bras.

S G A N A R E L L E.

Mets les à terre.

M A R T I N E.

Qui me demandent à toute heure du pain.

S G A N A R E L L E.

Donne leur le foüet. Quand j'ay bien beu, & bien mangé, je veux que tout le monde soit saoul dans ma maison.

M A R T I N E.

Et tu pretends, yvrogne, que les choses aillent toûjours de même?

S G A N A R E L L E.

Ma femme, allons tout doucement, s'il vous plaist.

M A R T I N E.

Que j'endure eternellement tes insolences, & tes débauches?

SGANARELLE.

Ne nous emportons point ma femme.

MARTINE.

Et que je ne sçache pas trouver le moyen de te
ranger à ton devoir ?

SGANARELLE.

Ma femme, vous sçavez que je n'ay pas l'ame en-
durante : & que j'ay le bras assez bon.

MARTINE.

Je me mocque de tes menaces.

SGANARELLE.

Ma petite femme, ma mie, vostre peau vous de-
mange, à vostre ordinaire.

MARTINE.

Je te montreray bien que je ne te crains nulle-
ment.

SGANARELLE.

Ma chere moitié, vous avez envie de me dérober
quelque chose.

MARTINE.

Crois-tu que je m'épouvante de tes paroles ?

SGANARELLE.

Doux objet de mes vœux, je vous frotteray les
oreilles.

MARTINE.

Yvrogne que tu es.

SGANARELLE.

Je vous battray.

MARTINE.

Sac-à-vin.

SGANARELLE.

Je vous rosseray.

MARTINE.

Infame.

SGANARELLE.

Je vous estrilleray.

MARTINE.

Traiſtre, inſolent, trompeur, lâche, coquin, pen-
dard, gueux, beliſtre, fripon, maraut, voleur....

SGANARELLE.

Il prend un baſton, & luy en donne.

Ah! vous en voulez donc.

MARTINE.

Ah, ah, ah, ah.

SGANARELLE.

Voila le vray moyen de vous appaiſer.

SCENE II.

MONSIEUR ROBERT, SGANA-RELLE, MARTINE.

M. ROBERT.

Hola, hola, hola, fy qu'eſt ceci? quelle infa-
mie, peſte ſoit le coquin, de batre ainſi ſa
femme.

MARTINE.

*Les mains ſur les coſtez, luy parle en le faiſant reculer,
& à la fin, luy donne un ſoufflet.*

Et je veux qu'il me batte moy.

M. ROBERT.

Ah! j'y conſens de tout mon cœur.

MARTINE.

Dequoy vous meſlez-vous?

M. ROBERT.

J'ay tort.

MARTINE.

Eſt-ce là voſtre affaire?

M. ROBERT.

Vous avez raiſon.

MARTINE.

Voyez un peu cet impertinent, qui veut empê-
cher les maris de batre leurs femmes.

 M. Ro-

M. ROBERT.

Je me retracte.

MARTINE.

Qu'avez-vous à voir là-dessus ?

M. ROBERT.

Rien.

MARTINE.

Est-ce à vous, d'y mettre le nez ?

M. ROBERT.

Non.

MARTINE.

Meslez vous de vos affaires.

M. ROBERT.

Je ne dy plus mot.

MARTINE.

Il me plaist d'estre battuë.

M. ROBERT.

D'accord.

MARTINE.

Ce n'est pas à vos dépens.

M. ROBERT.

Il est vray.

MARTINE.

Et vous estes un sot, de venir vous fourrer où vous n'avez que faire.

M. ROBERT.

Il passe ensuite vers le mary, qui pareillement luy parle toûjours, en le faisant reculer : le frappe avec le même bâton, & le met en fuite, il dit à la fin.

Compere, je vous demande pardon de tout mon cœur, faites, rossez, battez, comme il faut, vostre femme, je vous aideray si vous le voulez.

SGANARELLE.

Il ne me plaist pas moy.

M. ROBERT.

Ah ! c'est une autre chose.

SGANARELLE.

Je la veux battre, si je le veux : & ne la veux pas battre, si je ne le veux pas.

M. ROBERT.

Fort bien.

SGANARELLE.

C'est ma femme, & non pas la vostre.

M. ROBERT.

Sans doute.

SGANARELLE.

Vous n'avez rien à me commander.

M. ROBERT.

D'accord.

SGANARELLE.

Je n'ay que faire de vostre aide.

M. ROBERT.

Tres-volontiers.

SGANARELLE.

Et vous estes un impertinent, de vous ingerer des affaires d'autruy : apprenez que Ciceron dit, qu'entre l'arbre & le doit, il ne faut point mettre l'escorce.

Ensuite, il revient vers sa femme, & luy dit, en luy pressant la main.

O ça faisons la paix nous deux.
Touche là.

MARTINE.

Ouy ! aprés m'avoir ainsi battuë !

SGANARELLE.

Cela n'est rien, touche.

MARTINE.

Je ne veux pas.

SGANARELLE.

Eh !

MARTINE.

Non.

A 5   SGA-

SGANARELLE.

Ma petite femme.

MARTINE.

Point.

SGANARELLE.

Allons, te dis-je.

MARTINE.

Je n'en feray rien.

SGANARELLE.

Vien, vien, vien.

MARTINE.

Non, je veux estre en colere.

SGANARELLE.

Fy, c'est une bagatelle, allons, allons.

MARTINE.

Laisse moy là.

SGANARELLE.

Touche, te dis-je.

MARTINE.

Tu m'as trop mal traitée.

SGANARELLE.

Et bien va, je te demande pardon, mets là ta
main.

MARTINE.

Je te pardonne.

Elle dit le reste bas.

mais tu le payeras.

SGANARELLE.

Tu es une folle, de prendre garde à cela. Ce sont
petites choses qui sont de temps en temps necessaires
dans l'amitié ; & cinq ou six coups de bafton, entre
gens qui s'aiment, ne font que ragaillardir l'affe-
ction. Va, je m'en vais au bois : & je te promets au-
jourd'huy plus d'un cent de fagots.

SCE-

SCENE III.
MARTINE *seule.*

VA, quelque mine que je fasse, je n'oublie pas
mon ressentiment : & je brûle en moy-même,
de trouver les moyens de te punir des coups que tu
me donnes. Je sçay bien qu'une femme a toûjours
dans les mains dequoy se vanger d'un mary : mais
c'est une punition trop delicate pour mon pendart.
Je veux une vangeance qui se fasse un peu mieux
sentir : & ce n'est pas contentement, pour l'injure
que j'ay receuë.

SCENE IV.
VALERE, LUCAS, MARTINE.

LUCAS.
PArguenne, j'avons pris là tous deux une gueble
de commission : & je ne sçay pas moy ce que je
pensons attrapper.
VALERE.
Que veux-tu mon pauvre nourricier ? il faut bien
obeïr à nostre maistre : & puis, nous avons interest
l'un & l'autre, à la santé de sa fille nostre maistres-
se ; & sans doute, son mariage differé par sa maladie, nous vaudroit quelque recompense. Horace
qui est liberal, a bonne part aux pretentions qu'on
peut avoir sur sa personne : & quoy qu'elle ait fait
voir de l'amitié pour un certain Leandre, tu sçais
bien que son Pere n'a jamais voulu consentir à le
recevoir pour son gendre.
MARTINE.
Rêvant à part elle.
Ne puis-je point trouver quelque invention pour
me vanger ?

LUCAS.

Mais quelle fantaifie s'eft-il bouté là dans la tefte, puifque les Medecins y avont tous pardu leur latin ?

VALERE.

On trouve quelquefois, à force de chercher, ce qu'on ne trouve pas d'abord : & fouvent en de fimples lieux....

MARTINE.

Ouy, il faut que je m'en vange à quelque prix que ce foit : ces coups de bafton me reviennent au cœur, je ne les fçaurois digerer, &.....

Elle dit tout ceci en rêvant : de forte que ne prenant pas garde à ces deux hommes, elles les heurte en fe retournant, & leur dit.

Ah ! Meffieurs, je vous demande pardon, je ne vous voyois pas : & cherchois dans ma tefte quelque chofe qui m'embaraffe.

VALERE.

Chacun a fes foins dans le monde, & nous cherchons auffi ce que nous voudrions bien trouver.

MARTINE.

Seroit-ce quelque chofe, où je vous puiffe aider ?

VALERE.

Cela fe pourroit faire, & nous tâchons de rencontrer quelque habile homme, quelque Medecin particulier, qui pût donner quelque foulagement à la fille de noftre maiftre, attaquée d'une maladie qui luy a ofté tout d'un coup l'ufage de la langue. Plufieurs Medecins ont déja épuifé toute leur fcience aprés elle : mais on trouve parfois des gens avec des fecrets admirables, de certains remedes particuliers, qui font le plus fouvent, ce que les autres n'ont fçu faire, & c'eft là ce que nous cherchons.

MARTINE.

Elle dit ces deux premieres lignes bas.

Ah ! que le Ciel m'infpire une admirable invention, pour me vanger de mon pendart.

Haut.

Haut.

Vous ne pouviez jamais vous mieux addreſſer ,
pour rencontrer ce que vous cherchez : & nous a-
vons ici un homme le plus merveilleux homme du
monde , pour les maladies deſeſperées.

V A L E R E.

Et de grace , où pouvons-nous le rencontrer ?

M A R T I N E.

Vous le trouverez maintenant vers ce petit lieu
que voila , qui s'amuſe à couper du bois.

L U C A S.

Un Medecin qui coupe du bois !

V A L E R E.

Qui s'amuſe à cœuillir des ſimples , voulez-vous
dire.

M A R T I N E.

Non, c'eſt un homme extraordinaire, qui ſe plaiſt
à cela , fantaſque , bizarre, quinteux , & que vous ne
prendriez jamais pour ce qu'il eſt. Il va veſtu d'une
façon extravagante , affecte quelquefois de paroiſtre
ignorant , tient ſa ſcience renfermée , & ne fuit rien
tant tous les jours, que d'exercer les merveilleux
talens qu'il a eus du Ciel pour la Medecine.

V A L E R E.

C'eſt une choſe admirable , que tous les grands
hommes ont toûjours du caprice, quelque petit grain
de folie , meſlé à leur ſcience.

M A R T I N E.

La folie de celuy-ci eſt plus grande qu'on ne peut
croire : car elle va parfois juſqu'à vouloir eſtre battu,
pour demeurer d'accord de ſa capacité : Et je vous
donne avis que vous n'en viendrez point à bout, qu'il
n'avouëra jamais qu'il eſt Medecin , s'il ſe le met en
fantaiſie , que vous ne preniez chacun un baſton, &
ne le reduiſiez à force de coups , à vous confeſſer à
la fin, ce qu'il vous cachera d'abord , C'eſt ainſi que
nous en uſons , quand nous avons beſoin de luy.

VALERE.

Voila une eftrange folie !

MARTINE.

Il eft vray : mais aprés cela , vous verrez qu'il fait
des merveilles.

VALERE.

Comment s'appelle-t-il ?

MARTINE.

Il s'appelle Sganarelle : mais il eft aifé à connoî-
tre. C'eft un homme qui a une large barbe noire,
& qui porte une fraife , avec un habit jaune &
vert.

LUCAS.

Un habit jaune & vart ! c'eft donc le Medecin des
paroquets.

VALERE.

Mais eft-il bien vray , qu'il foit fi habile que vous
le dites ?

MARTINE.

Comment ? c'eft un homme qui fait des mira-
cles. Il y a fix mois, qu'une femme fut abandon-
née de tous les autres Medecins. On la tenoit morte , il y avoit déja fix heures : & l'on fe difpofoit à
l'enfevelir, lors qu'on y fit venir de force, l'homme dont nous parlons. Il luy mit, l'ayant veuë, u-
ne petite goute de je ne fçay quoy dans la bouche : &
dans le même inftant elle fe leva de fon lict, & fe
mit auffi-toft à fe promener dans fa chambre, comme fi de rien n'euft efté.

LUCAS.

Ah !

VALERE.

Il falloit que ce fuft quelque goute d'or pota-
blé.

MARTINE.

Cela pourroit bien eftre. Il n'y a pas trois femai-
nes encore qu'un jeune enfant de douze ans, tom-
ba

ba du haut du clocher en bas, & se brisa sur le pavé, la teste, les bras & les jambes. On n'y eut pas plûtost amené nostre homme, qu'il le frotta par tout le corps, d'un certain onguent qu'il sçait faire, & l'enfant aussi-tost se leva sur ses pieds, & courut joüer à la fossette.

LUCAS.

Ah !

VALERE.

Il faut que cet homme-là ait la Medecine universelle.

MARTINE.

Qui en doute ?

LUCAS.

Testigué, vela justement l'homme qu'il nous faut: allons viste le charcher.

VALERE.

Nous vous remercions du plaisir que vous nous faites.

MARTINE.

Mais souvenez-vous bien au moins, de l'avertissement que je vous ay donné.

LUCAS.

Eh ! morguenne, laissez nous faire, s'il ne tient qu'à battre, la vache est à nous.

VALERE.

Nous sommes bien-heureux d'avoir fait cette rencontre : & j'en conçois, pour moy, la meilleure esperance du monde.

SCENE V.

SGANARELLE, VALERE, LUCAS.

SGANARELLE.

Entre sur le Theatre en chantant, & tenant une bouteille.

La, la, la.

V A-

VALERE.

J'entens quelqu'un qui chante, & qui coupe du bois.

SGANARELLE.

La, la, la…. Ma foy, c'est assez travaillé pour un coup : prenons un peu d'haleine.

Il boit, & dit aprés avoir bû.

Voila du bois qui est salé, comme tous les diables.

Qu'ils sont doux
Bouteille jolie,
Qu'ils sont doux
Vos petits glou-gloux !
Mais mon sort feroit bien des jaloux,
Si vous estiez toûjours remplie.
Ah ! Bouteille ma mie,
Pourquoy vous vuidez-vous ?

Allons, morbleu, il ne faut point engendrer de melancolie.

VALERE.

Le voila luy-même.

LUCAS.

Je pense que vous dites vray ; & que j'avons bouté le nez dessus.

VALERE.

Voyons de prés.

SGANARELLE.

Les appercevant, les regarde en se tournant vers l'un, & puis vers l'autre ; & abaissant sa voix, dit.

Ah ! ma petite friponne, que je t'aime mon petit bouchon. Mon sort … feroit…. bien des…. jaloux si…. que diable, à qui en veulent ces gens-là.

VALERE.

C'est luy asseurément.

LUCAS.

Le vela tout craché, comme on nous l'a defiguré.

SGA-

SGANARELLE *à part.*

Ici, il pose sa bouteille à terre, & Valere se baissant pour le saluer, comme il croit que c'est à dessein de la prendre, il la met de l'autre costé: ensuite dequoy, Lucas faisant la même chose, il la reprend, & la tient contre son Estomac avec divers gestes, qui font un grand jeu de Theatre.

Ils consultent en me regardant, quel dessein auroient-ils?

VALERE.

Monsieur, n'est-ce pas vous, qui vous appellez Sganarelle?

SGANARELLE.

Eh quoy?

VALERE.

Je vous demande, si ce n'est pas vous, qui se nomme Sganarelle.

SGANARELLE.

Se tournant vers Valere, puis vers Lucas.

Ouy, & non, selon ce que vous luy voulez.

VALERE.

Nous ne voulons que luy faire toutes les civilitez que nous pourrons.

SGANARELLE.

En ce cas, c'est moy, qui se nomme Sganarelle.

VALERE.

Monsieur, nous sommes ravis de vous voir. On nous a addressez à vous, pour ce que nous cherchons: & nous venons implorer vostre aide, dont nous avons besoin.

SGANARELLE.

Si c'est quelque chose, Messieurs, qui depende de mon petit negoce, je suis tout prest à vous rendre service.

VALERE.

Monsieur, c'est trop de grace que vous nous faites:

tes : mais, Monſieur, couvrez-vous, s'il vous plaiſt, le ſoleil pourroit vous incommoder.

LUCAS.

Monſieu, boutez deſſus.

SGANARELLE *bas.*

Voici des gens bien pleins de ceremonie.

VALERE.

Monſieur, il ne faut pas trouver eſtrange que nous venions à vous : les habiles gens ſont toûjours recherchez, & nous ſommes inſtruits de voſtre capacité.

SGANARELLE.

Il eſt vray, Meſſieurs, que je ſuis le premier homme du monde, pour faire des fagots.

VALERE.

Ah ! Monſieur....

SGANARELLE.

Je n'y épargne aucune choſe, & les fais d'une façon, qu'il n'y a rien à dire.

VALERE.

Monſieur, ce n'eſt pas cela, dont il eſt queſtion.

SGANARELLE.

Mais auſſi je les vens cent dix ſols le cent.

VALERE.

Ne parlons point de cela, s'il vous plaiſt.

SGANARELLE.

Je vous promets, que je ne ſçaurois les donner à moins.

VALERE.

Monſieur, nous ſçavons les choſes.

SGANARELLE.

Si vous ſçavez les choſes, vous ſçavez que je les vens cela.

VALERE.

Monſieur, c'eſt ſe mocquer que....

SGA-

S G A N A R E L L E.

Je ne me mocque point, je n'en puis rien ra-
battre.

V A L E R E.

Parlons d'autre façon, de grace.

S G A N A R E L L E.

Vous en pourrez trouver autre part à moins : il y
a fagots & fagots. Mais pour ceux que je fais....

V A L E R E.

Eh ! Monsieur, laissons-là ce discours.

S G A N A R E L L E.

Je vous jure que vous ne les auriez pas, s'il s'en
falloit un double.

V A L E R E.

Eh fy.

S G A N A R E L L E.

Non, en conscience, vous en payerez cela. Je
vous parle sincerement, & ne suis pas homme
à surfaire.

V A L E R E.

Faut-il, Monsieur, qu'une personne comme
vous s'amuse à ces grossieres feintes ? s'abaisse à
parler de la sorte ? qu'un homme si sçavant, un fameux Medecin, comme vous estes, veüille se dé-
guiser aux yeux du monde, & tenir enterrez les
beaux talens qu'il a ?

S G A N A R E L L E *à part.*

Il est fou.

V A L E R E.

De grace, Monsieur, ne dissimulez point avec
nous.

S G A N A R E L L E.

Comment ?

L U C A S.

Tout ce tripotage ne sart de rian ; je sçavons, çan
que je sçavons.

S G A-

SGANARELLE.

Quoy donc, que me voulez-vous dire ? pour qui me prenez-vous ?

VALERE.

Pour ce que vous estes, pour un grand Medecin.

SGANARELLE.

Medecin, vous-même : je ne le suis point, & ne l'ay jamais esté.

VALERE *Bas.*

Voila sa folie qui le tient

Haut.

Monsieur, ne veüillez point nier les choses davantage : & n'en venons point, s'il vous plaist, à de fâcheuses extremitez.

SGANARELLE.

A quoy donc ?

VALERE.

A de certaines choses, dont nous serions marris.

SGANARELLE.

Parbleu, venez en à tout ce qu'il vous plaira, je ne suis point Medecin : & ne sçay ce que vous me voulez dire.

VALERE *Bas.*

Je voy bien qu'il faut se servir du remede.

Haut.

Monsieur, encore un coup, je vous prie d'avoüer ce que vous estes.

LUCAS.

Et testigué, ne lantiponez point davantage : & confessez à la franquette, que v'estes Medecin.

SGANARELLE.

J'enrage.

VALERE.

A quoy bon nier ce qu'on sçait ?

LUCAS.

Pourquoy toutes ces fraimes-là ? à quoy est-ce
que ça vous fart ?

SGANARELLE.

Messieurs, en un mot, autant qu'en deux mil-
le, je vous dis, que je ne suis point Medecin.

VALERE.

Vous n'estes point Medecin ?

SGANARELLE.

Non.

LUCAS.

V'nestes pas Medecin ?

SGANARELLE.

Non, vous dis-je.

VALERE.

Puisque vous le voulez, il faut s'y resoudre.

Ils prennent un baston, & le frappent.

SGANARELLE.

Ah ! ah ! ah ! Messieurs, je suis tout ce qu'il vous
plaira.

VALERE.

Pourquoy, Monsieur, nous obligez-vous à cette
violence ?

LUCAS.

A quoy bon nous bailler la peine de vous battre ?

VALERE.

Je vous asseure que j'en ay tous les regrets du
monde.

LUCAS.

Par masigué, j'en sis fasché, franchement.

SGANARELLE.

Que diable est-cecy, Messieurs, de grace, est-ce
pour rire, ou si tous deux vous extravaguez, de vouloir que je sois Medecin ?

VALERE.

Quoy, vous ne vous rendez pas encore : & vous
vous defendez d'estre Medecin ?

S G A-

S G A N A R E L L E.

Diable emporte si je le suis.

L U C A S.

Il n'est pas vray, qu'ous sayez Medecin ?

S G A N A R E L L E.

Non, la peste m'estouffe.

Là, il recommence de le battre.

Ah, ah. Et bien, Messieurs, ouy, puisque vous le voulez, je suis Medecin, je suis Medecin, apothiquaire encor, si vous le trouvez bon. J'aime mieux consentir à tout, que de me faire assommer.

V A L E R E.

Ah ! voila qui va bien, Monsieur, je suis ravi de vous voir raisonnable.

L U C A S.

Vous me boutez la joie au cœur, quand je vous voy parler comme ça.

V A L E R E.

Je vous demande pardon de toute mon ame.

L U C A S.

Je vous demandons excuse de la libarté que j'avons prise.

S G A N A R E L L E *à part.*

Ouais, seroit-ce bien moy qui me tromperois, & serois-je devenu Medecin, sans m'en estre apperceu ?

V A L E R E.

Monsieur, vous ne vous repentirez pas de nous monstrer ce que vous estes : & vous verrez asseurément, que vous en serez satisfait.

S G A N A R E L L E.

Mais, Messieurs, dites moy; ne vous trompez-vous point vous-même? est-il bien asseuré que je sois Medecin ?

L U C A S.

Ouy, par ma figué.

S G A N A R E L L E.

Tout de bon ?　　　　　　　　　　　　　V A-

VALERE.

Sans doute.

SGANARELLE.

Diable emporte si je le sçavois.

VALERE.

Comment ? vous estes le plus habile Medecin du monde.

SGANARELLE.

Ah , ah !

LUCAS.

Un Medecin , qui a guary , je ne sçay combien de maladies.

SGANARELLE.

Tu Dieu !

VALERE.

Une femme estoit tenuë pour morte , il y avoit six heures ; elle estoit preste à ensevelir : lors qu'avec une goute de quelque chose , vous la fites revenir , & marcher d'abord par la chambre.

SGANARELLE.

Peste !

LUCAS.

Un petit enfant de douze ans , se laissit choir du haut d'un clocher , dequoy il eut la teste , les jambes , & les bras cassez : & vous , avec je ne sçay quel onguent , vous fites qu'aussi-tost il se relevit sur ses piez , & s'en fut joüer à la fossette.

SGANARELLE.

Diantre !

VALERE.

Enfin , Monsieur , vous aurez contentement avec nous : & vous gagnerez ce que vous voudrez , en vous laissant conduire où nous prétendons vous mener.

SGANARELLE.

Je gagneray ce que je voudray ?

VA-

ACTE II.
SCENE I.
GERONTE, VALERE, LUCAS, JACQUELINE.

VALERE.

Uy, Monsieur, je croy que vous serez satisfait : & nous vous avons amené le plus grand Medecin du monde.

LUCAS.

Oh morguenne, il faut tirer l'eschelle aprés cety là : & tou les autres ne sont pas daignes de ly deschausser ses souillez.

VALERE.

C'est un homme, qui a fait des cures merveilleuses.

LUCAS.

Qui a gary des gens qui estiants morts.

VALERE.

Il est un peu capricieux, comme je vous ay dit : & parfois il a des moments où son esprit s'eschappe, & ne paroist pas ce qu'il est.

LUCAS.

Ouy, il aime à bouffonner & l'an diroit par fois, ne v'sen deplaise, qu'il a quelque petit coup de hache à la teste.

VALERE.

Mais dans le fond, il est tout science : & bien souvent, il dit des choses tout à fait relevées.

LUCAS.

Quand il s'y boute, il parle tout fin droit, comme s'il lisoit dans un livre.

VALERE.

Sa reputation s'est déja répanduë ici : & tout le monde vient à luy.

B   G 2

GERONTE.

Je meurs d'envie de le voir, faites-le moy viste venir.

VALERE.

Je le vay querir.

JACQUELINE.

Par ma fy, Monsieu, cety-ci fera justement ce qu'ant fait les autres. Je pense que ce sera queussi queumy : & la meilleure medeçaine , que l'an pourroit bailler à vostre fille, ce seroit, selon moy, un biau & bon mary, pour qui elle eut de l'ami-qué.

GERONTE.

Ouais, nourrice, ma mie, vous vous meslez de bien des choses.

LUCAS.

Taisez-vous, nostre menagere Jaquelaine: ce n'est pas à vous à bouter là vostre nez.

JACQUELINE.

Je vous dis & vous douze, que tous ces Mede-cins n'y feront rian que de liau claire, que vostre fille a besoin d'autre chose, que de ribarbe, & de séné, & qu'un mari est une emplastre qui garit tous les maux des filles.

GERONTE.

Est-elle en estat maintenant, qu'on s'en voulût charger, avec l'infirmité qu'elle a ? Et lors que j'ay esté dans le dessein de la marier, ne s'est-elle pas op-posée à mes volontez ?

JACQUELINE.

Je le croy bien, vou ly vouilliez bailler eun hom-me qu'alle n'aime point. Que ne preniais vous ce Monsieu Liandre, qui ly touchoit au cœur. Alle auroit esté fort obeissante : & je m'en vas gager qu'il la prendroit ly, comme alle est, si vou la ly vouil-lais donner.

GERONTE.

Ce Leandre n'eſt pas ce qu'il luy faut : il n'a pas
du bien, comme l'autre.

JACQUELINE.

Il a un Oncle qui eſt ſi riche, dont il eſt heri-
quié.

GERONTE.

Tous ces biens à venir me ſemblent autant de
chanſons. Il n'eſt rien tel que ce qu'on tient : &
l'on court grand riſque de s'abuſer, lors que l'on
compte ſur le bien qu'un autre vous garde. La mort
n'a pas toûjours les oreilles ouvertes aux vœux &
aux prieres de Meſſieurs les heritiers : & l'on a le
temps d'avoir les dents longues, lors qu'on attand,
pour vivre, le trépas de quelqu'un.

JACQUELINE.

Enfin, j'ay toûjours oüi dire, qu'en mariage,
comme ailleurs, contentement paſſe richeſſe. Les
Beres & les Meres ant cette maudite couteume,
de demander toûjours, qu'a-t il & qu'a-t elle ? &
le compere Biarre a marié ſa fille Simonnette au
gros Thomas, pour un quarquié de vaigne qu'il a-
voit davantage que le jeune Robin, ou alle avoit
bouté ſon amiquié : & vela que la pauvre Creatu-
re en eſt devenuë jaune comme un coin, & n'a
point profité tout depuis ce temps là. C'eſt un bel
exemple pour vous, Monſieu; on n'a que ſon plaiſir
en ce monde : & j'aimerois mieux bailler à ma fille
un bon mary qui ly fuſt agriable, que toutes les ren-
tes de la Biauſſe.

GERONTE.

Peſte ! Madame la nourrice, comme vous degoi-
ſez ! taiſez-vous, je vous prie, vous prenez trop de
ſoin, & vous échauffez voſtre laiſt.

LUCAS.

En diſant ceci, il frappe ſur la poitrine à Geronte.

Morgué, tais-toy, t'es cune impartinante,

Monſieu n'a que faire de tes diſcours, & il ſçait ce
qu'il a à faire. Meſle-toy de donner à teter à ton
enfant, ſans tant faire la raiſonneuſe. Monſieu eſt
le Pere de ſa fille ; & il eſt bon & ſage, pour voir
ce qu'il ly faut.

GERONTE.

Tout doux; Oh, tout doux.

LUCAS.

Monſieu, je veux un peu la mortifier : & ly ap-
prendre le reſpect qu'alle vous doit.

GERONTE.

Ouy, mais ces geſtes ne ſont pas neceſſaires.

SCENE II.

VALERE, SGANARELLE, GERON-
TE, LUCAS, JACQUELINE.

VALERE.

MOnſieur preparez vous, voici noſtre Medecin
qui entre.

GERONTE.

Monſieur, je ſuis ravi de vous voir chez moy : &
nous avons grand beſoin de vous.

SGANARELLE.

En robe de Medecin, avec un chapeau des plus poin-
tus.

Hipocrate dit.... que nous nous couvrions tous
deux.

GERONTE.

Hipocrate dit cela ?

SGANARELLE.

Ouy.

GERONTE.

Dans quel chapitre, s'il vous plaiſt ?

SGANARELLE.

Dans ſon chapitre des chapeaux.

G E-

GERONTE.

Puis qu'Hipocrate le dit , il le faut faire.

SGANARELLE.

Monſieur le Medecin , ayant appris les merveil-
leuſes choſes....

GERONTE.

A qui parlez-vous , de grace ?

SGANARELLE.

A vous.

GERONTE.

Je ne ſuis pas Medecin.

SGANARELLE.

Vous n'eſtes pas Medecin?

GERONTE.

Non vrayment.

SGANARELLE.

Il prend ici un baſton , & le bat , comme on l'a batu.
Tout de bon ?

GERONTE.

Tout de bon. Ah ! ah ! ah !

SGANARELLE.

Vous eſtes Medecin maintenant , je n'ay jamais
eu d'autres licences.

GERONTE.

Quel diable d'homme m'avez-vous là amené ?

VALERE.

Je vous ay bien dit que c'eſtoit un Medecin go-
guenard.

GERONTE.

Ouy, mais je l'envoirois promener avec ſes go-
guenarderies.

LUCAS.

Ne prenez pas garde à ça , Monſieu , ce n'eſt que
pour rire.

GERONTE.

Cette raillerie ne me plaiſt pas.

SGANARELLE.

Monſieur, je vous demande pardon de la liberté que j'ay priſe.

GERONTE.

Monſieur, je ſuis voſtre ſerviteur.

SGANARELLE.

Je ſuis faſché....

GERONTE.

Cela n'eſt rien.

SGANARELLE.

Des coups de baſton....

GERONTE.

Il n'y a pas de mal.

SGANARELLE.

Que j'ay eu l'honneur de vous donner.

GERONTE.

Ne parlons plus de cela. Monſieur, j'ay une fille qui eſt tombée dans une eſtrange maladie.

SGANARELLE.

Je ſuis ravi, Monſieur, que voſtre fille ait beſoin de moy : & je ſouhaiterois de tout mon cœur, que vous en euſſiez beſoin auſſi, vous & toute voſtre famille, pour vous témoigner l'envie que j'ay de vous ſervir.

GERONTE.

Je vous ſuis obligé de ces ſentimens.

SGANARELLE.

Je vous aſſeure que c'eſt du meilleur de mon ame, que je vous parle.

GERONTE.

C'eſt trop d'honneur que vous me faites.

SGANARELLE.

Comment s'appelle voſtre fille?

GERONTE.

Lucinde.

SGANARELLE.

Lucinde! Ah beau nom à medicamenter! Lucin-de!

GERONTE.

Je m'en vai voir un peu ce qu'elle fait.

SGANARELLE.

Qui eſt cette grande femme-là.

GERONTE.

C'eſt la nourrice d'un petit enfant que j'ay.

SGANARELLE.

Peſte ! le joly meuble que voila. Ah nourrice !
charmante nourrice , ma Medecine eſt la tres-hum-
ble eſclave de voſtre nourricerie ; & je voudrois bien
eſtre le petit Poupon fortuné , qui tetaſt le laict

Il luy porte la main ſur le ſein.

de vos bonnes graces. Tous mes remedes , toute
ma ſcience , toute ma capacité eſt à voſtre ſervice,
&....

LUCAS.

Avec votre parmiſſion , Monſieu le Medecin, laiſ-
ſez là ma femme , je vous prie.

SGANARELLE.

Quoy, eſt-elle voſtre femme ?

LUCAS.

Ouy.

SGANARELLE.

*Il fait ſemblant d'embraſſer Lucas : & ſe tournant du
coſté de la nourrice , il l'embraſſe.*

Ah vrayment , je ne ſçavois pas cela : & je m'en
réjoüis pour l'amour de l'un & de l'autre.

LUCAS.

En le tirant.

Tout doucement, s'il vous plaiſt.

SGANARELLE.

Je vous aſſeure, que je ſuis ravi que vous ſoyez
unis enſemble. Je la felicite d'avoir

*Il fait encore ſemblant d'embraſſer Lucas : &
paſſant deſſous ſes bras , ſe jette au col de ſa femme.*

un mari comme vous : & je vous felicite vous , d'avoir une femme si belle, si sage, & si bien faite, comme elle est.

LUCAS.

En le tirant encore.

Eh testigué, point tant de complimens, je vous supplie.

SGANARELLE.

Ne voulez-vous pas que je me réjoüisse avec vous, d'un si bel assemblage ?

LUCAS.

Avec moy, tant qu'il vous plaira : mais avec ma femme, treve de sarimonie.

SGANARELLE.

Je prens part également au bon-heur de tous deux : &

Il continuë le même jeu.

si je vous embrasse pour vous en témoigner ma joie, je l'embrasse de même, pour luy en témoigner aussi..

LUCAS.

En le tirant derechef.

Ah vartigué, Monsieu le Medecin, que de l'antiponages.

SCENE III.

SGANARELLE, GERONTE, LU-CAS, JACQUELINE.

GERONTE.

MOnsieur, voici tout à l'heure ma fille qu'on va vous amener.

SGANARELLE.

Je l'attens, Monsieur, avec toute la Medecine.

GERONTE.

Où est-elle ?

SGANARELLE.

Se touchant le front.

Là dedans.

E

GERONTE.

Fort bien.

SGANARELLE.

En voulant toucher les tetons de la nourice.

Mais, comme je m'interesse à toute voftre famille, il faut que j'essaye un peu le laict de voftre nourice, & que je visite son sein.

LUCAS.

Le tirant, & luy faisant faire la pirouette.

Nanin, nanin, je n'avons que faire de ça.

SGANARELLE.

C'eft l'office du Medecin, de voir les tetons des
nourices.

LUCAS.

Il gnia office qui quienne, je fis votte farviteur.

SGANARELLE.

As-tu bien la hardieffe de t'oppofer au Medecin ?
hors de-là.

LUCAS.

Je me mocque de ça.

SGANARELLE.

En le regardant de travers.

Je te donneray la fievre.

JACQUELINE.

*Prenant Lucas par le bras, & luy faisant aussi faire la
pirouette.*

Ofte-toy de là auffi, eft-ce que je ne fis pas affez
grande pour me défendre moy-même, s'il me fait
quelque chofe qui ne foit pas à faire ?

LUCAS.

Je ne veux pas qu'il te tafte, moy.

SGANARELLE.

Fy, le vilain, qui eft jaloux de fa femme.

GERONTE.

Voici ma fille.

B 5

SCE

SCENE IV.

LUCINDE, VALERE, GERONTE, LUCAS, SGANARELLE, JACQUELINE.

SGANARELLE.

Est-ce là la malade ?

GERONTE.

Ouy, je n'ay qu'elle de fille : & j'aurois tous les regrets du monde, si elle venoit à mourir.

SGANARELLE.

Qu'elle s'en garde bien, il ne faut pas qu'elle meure sans l'ordonnance du Medecin.

GERONTE.

Allons, un siege.

SGANARELLE.

Voila une malade qui n'est pas tant degoustante : & je tiens qu'un homme bien sain s'en accommoderoit assez.

GERONTE.

Vous l'avez fait rire, Monsieur.

SGANARELLE.

Tant mieux, lors que le Medecin fait rire le malade, c'est le meilleur signe du monde. Eh bien, dequoy est-il question ? qu'avez-vous ? quel est le mal que vous sentez ?

LUCINDE.

Répond par signes, & portant sa main à sa bouche, à sa teste, & sous son menton.

Han, hi, hom, han.

SGANARELLE.

Eh ! que dites-vous ?

LUCINDE.

Continuë les mesmes gestes.

Han, hi, hom, han, han, hi, hom.

SGA.

SGANARELLE.

Quoy?

LUCINDE.

Ham, hi, hom.

SGANARELLE.
La contrefaisant.

Han, hi, hon, han, ha. Je ne vous entens point:
quel diable de langage est-ce là?

GERONTE.

Monsieur, c'est là sa maladie. Elle est devenuë
muette, sans que jusques ici on en ait pû sçavoir
la cause: & c'est un accident qui a fait reculer son
mariage.

SGANARELLE.

Et pourquoy?

GERONTE.

Celuy qu'elle doit épouser, veut attendre sa guerison, pour conclure les choses.

SGANARELLE.

Et qui est ce sot-là, qui ne veut pas que sa femme soit muette? Plust à Dieu que la mienne eut
cette maladie, je me garderois bien de la vouloir
guerir.

GERONTE.

Enfin Monsieur, nous vous prions d'employer
tous vos soins, pour la soulager de son mal.

SGANARELLE.

Ah! ne vous mettez pas en peine. Dites-moy un
peu, ce mal l'oppresse-t-il beaucoup?

GERONTE.

Ouy, Monsieur.

SGANARELLE.

Tant mieux. Sent-elle de grandes douleurs?

GERONTE.

Fort grandes.

SGANARELLE.

C'est fort bien fait. Va-t-elle où vous sçavez?

GERONTE.

Ouy.

SGANARELLE.

Copieufement ?

GERONTE.

Je n'entens rien à cela.

SGANARELLE.

La matiere eft-elle loüable ?

GERONTE.

Je ne me connois pas à ces chofes.

SGANARELLE.

Se tournant vers la malade.

Donnez-moy voftre bras. Voila un pous qui marque que voftre fille eft müette.

GERONTE.

Eh ! ouy, Monfieur, c'eft là fon mal : vous l'avez trouvé tout du premier coup.

SGANARELLE.

Ah, ah.

JACQUELINE.

Voyez, comme il a deviné fa maladie.

SGANARELLE.

Nous autres grans Medecins, nous connoiffons d'abord les chofes. Un ignorant auroit efté embaraffé, & vous euft efté dire, c'eft ceci, c'eft cela : mais moy, je touche au but du premier coup, & je vous apprens que voftre fille eft müette.

GERONTE,

Ouy, mais je voudrois bien que vous me puffiez dire d'où cela vient ?

SGANARELLE.

Il n'eft rien plus aifé. Cela vient de ce qu'elle a perdu la parole.

GERONTE.

Fort bien : mais la caufe, s'il vous plaift, qui fait qu'elle a perdu la parole.

SGA-

SGANARELLE.

Tous nos meilleurs auteurs vous diront que c'est l'empéchement de l'action de sa langue.

GERONTE.

Mais encore, vos sentimens sur cet empéchement de l'action de sa langue.

SGANARELLE.

Aristote là-dessus, dit ... de fort belles choses.

GERONTE.

Je le croy.

SGANARELLE.

Ah ! c'estoit un grand homme !

GERONTE.

Sans doute.

SGANARELLE.

Levant son bras depuis le coude.

Grand homme tout à fait : un homme qui estoit plus grand que moy de tout cela. Pour revenir donc à nostre raisonnement, je tiens que cet empéchement de l'action de sa langue est causé par de certaines humeurs qu'entre nous autres sçavans nous appellons humeurs peccantes, peccantes, c'est à dire.... humeurs peccantes : d'autant que les vapeurs formées par les exhalaisons des influences qui s'élevent dans la region des maladies, venant.... pour ainsi dire.... à.... entendez-vous le latin ?

GERONTE.

En aucune façon.

SGANARELLE.

Se levant avec étonnement.

Vous n'entendez point le latin !

GERONTE.

Non.

SGANARELLE.

En faisant diverses plaisantes postures.

Cabricias arci thuram, catalamus, singulariter, nominativo hæc Musa la Muse, Bonus, Bona, Bo-

num, Deus sanctus, est ne oratio latinas? etiam,
ouy, quare, pourquoy, quia substantivo, & ad-
jectivum, concordat in generi, numerum, &
casus.

GERONTE.

Ah! que n'ay-je étudié!

JACQUELINE.

L'habile homme que vela!

LUCAS.

Ouy, ça est si biau, que je n'y entens goute.

SGANARELLE.

Or ces vapeurs, dont je vous parle, venant à pas-
ser du costé gauche, où est le foye, au costé droit, où
est le cœur, il se trouve que le poumon que nous
appellons en latin, armyan, ayant communication avec le cerveau, que nous nommons en grec,
nasmus, par le moyen de la veine cave, que nous
appellons en hebreu, cubile, rencontre en son che-
min, lesdites vapeurs qui remplissent les ventricu-
les de l'omoplate; & parce que lesdites vapeurs....
comprenez bien ce raisonnement je vous prie : &
parce que lesdites vapeurs ont une certaine malignité.... écoutez bien ceci, je vous conjure.

GERONTE.

Ouy.

SGANARELLE.

Ont une certaine malignité qui est causée.... soyez
attentif, s'il vous plaist.

GERONTE.

Je le suis.

SGANARELLE.

Qui est causée par l'acreté des humeurs, engen-
drées dans la concavité du diaphragme, il arrive que
ces vapeurs.... ossabandus, nequeys, nequer, pota-
rinum, quipsa milus. Voila justement ce qui fait
que vostre fille est muette.

JAC-

JACQUELINE.

Ah que ça est bian dit notte homme !

LUCAS.

Que n'ay-je la langue aussi bian penduë !

GERONTE.

On ne peut pas mieux raisonner sans doute.
Il n'y a qu'une seule chose qui m'a choqué. C'est
l'endroit du foye & du cœur. Il me semble que
vous les placez autrement, qu'ils ne sont. Que
le cœur est du costé gauche, & le foye du costé
droit.

SGANARELLE.

Ouy, cela estoit autrefois ainsi ; mais nous avons
changé tout cela, & nous faisons maintenant la Medecine d'une methode toute nouvelle.

GERONTE.

C'est ce que je ne sçavois pas : & je vous demande pardon de mon ignorance.

SGANARELLE.

Il n'y a point de mal : & vous n'estes pas obligé
d'estre aussi habile que nous.

GERONTE.

Asseurément : mais Monsieur, que croyez-vous
qu'il faille faire à cette maladie ?

SGANARELLE.

Ce que je croy qu'il faille faire ?

GERONTE.

Ouy.

SGANARELLE.

Mon avis est qu'on la remette sur son lit, & qu'on
luy fasse prendre pour remede quantité de pain trem-
pé dans du vin.

GERONTE.

Pourquoy cela, Monsieur ?

SGANARELLE.

Parce qu'il y a dans le vin & le pain, meslez en-
semble, une vertu simpathique, qui fait parler.

Ne voyez vous pas bien qu'on ne donne autre chose aux Perroquets, & qu'ils apprennent à parler en
mangeant de cela ?

GERONTE.

Cela eſt vray, ah ! le grand homme ! viſte quantité de pain & de vin.

SGANARELLE.

Je reviendray voir ſur le ſoir, en quel eſtat elle
ſera.

à la nourrice.

Doucement vous. Monſieur, voila une nourrice à
laquelle il faut que je faſſe quelques petits remedes.

JACQUELINE.

Qui moy ? je me porte le mieux du monde.

SGANARELLE.

Tant pis nourrice, tant pis. Cette grande ſanté eſt
à craindre : & il ne ſera mauvais de vous faire quelque petite ſaignée amiable, de vous donner quelque
petit cliſtere dulcifiant.

GERONTE.

Mais, Monſieur, voila une mode que je ne com-
prens point. Pourquoy s'aller faire ſaigner, quand
on n'a point de maladie ?

SGANARELLE.

Il n'importe, la mode en eſt ſalutaire : & comme
on boit pour la ſoif à venir, il faut ſe faire auſſi ſaigner pour la maladie à venir.

JACQUELINE.

En ſe retirant.

Ma fy, je me mocque de ça : & je ne veux point
faire de mon corps une boutique d'Apotiquaire.

SGANARELLE.

Vous eſtes rétive aux remedes : mais nous ſçau-
rons vous ſoûmettre à la raiſon.

Parlant à Geronte.

Je vous donne le bon-jour.

G E-

GERONTE.

Attendez un peu, s'il vous plaiſt.

SGANARELLE.

Que voulez-vous faire ?

GERONTE.

Vous donner de l'argent, Monſieur.

SGANARELLE.

Tendant ſa main derriere, par deſſous ſa robe, tandis que Geronte ouvre ſa bourſe.

Je n'en prendray pas, Monſieur.

GERONTE.

Monſieur.

SGANARELLE.

Point du tout.

GERONTE.

Un petit moment.

SGANARELLE.

En aucune façon.

GERONTE.

De grace.

SGANARELLE.

Vous vous mocquez.

GERONTE.

Voila qui eſt fait.

SGANARELLE.

Je n'en feray rien.

GERONTE.

Eh !

SGANARELLE.

Ce n'eſt pas l'argent qui me fait agir.

GERONTE.

Je le croy.

SGANARELLE.

Aprés avoir pris l'argent.

Cela eſt-il de poids ?

GERONTE.

Ouy, Monſieur.

SG A-

S G A N A R E L L E.

Je ne suis pas un Medecin mercenaire.

G E R O N T E.

Je le sçay bien.

S G A N A R E L L E.

L'interest ne me gouverne point.

G E R O N T E.

Je n'ay pas cette pensée.

S C E N E V.

S G A N A R E L L E, L E A N D R E.

S G A N A R E L L E.

Regardant son argent.

MA foy, cela ne va pas mal, & pourveu
que....

L E A N D R E.

Monsieur, il y a long-temps que je vous attens:
& je viens implorer vostre assistance.

S G A N A R E L L E.

Luy prenant le poignet.

Voila un pous qui est fort mauvais.

L E A N D R E.

Je ne suis point malade, Monsieur; & ce n'est pas
pour cela, que je viens à vous.

S G A N A R E L L E.

Si vous n'estes pas malade, que diable ne le dites
vous donc ?

L E A N D R E.

Non, pour vous dire la chose en deux mots, je
m'appelle Leandre, qui suis amoureux de Lucinde, que vous venez de visiter: & comme par la
mauvaise humeur de son Pere, toute sorte d'accez
m'est fermé auprés d'elle, je me hazarde à vous
prier de vouloir servir mon amour: & de me donner lieu d'executer un stratagême que j'ay trouvé,

pour

pour luy pouvoir dire deux mots, d'où dependent
absolument, mon bonheur, & ma vie.

S G A N A R E L L E.
Paroiſſant en colere.

Pour qui me prenez-vous ? comment, oſer vous
addreſſer à moy, pour vous ſervir dans voſtre amour,
& vouloir ravaler la dignité de Medecin à des em-
plois de cette nature ?

L E A N D R E.
Monſieur, ne faites point de bruit.

S G A N A R E L L E.
En le faiſant reculer.

J'en veux faire moy, vous eſtes un impertinent.

L E A N D R E.
Eh ! Monſieur, doucement.

S G A N A R E L L E.
Un mal-aviſé.

L E A N D R E.
De grace.

S G A N A R E L L E.
Je vous apprendray que je ne ſuis point homme à
cela : & que c'eſt une inſolence extréme....

L E A N D R E.
Tirant une bourſe qu'il luy donne.
Monſieur.

S G A N A R E L L E.
Tenant la bourſe.

De vouloir m'employer.... je ne parle pas pour
vous : car vous eſtes honneſte homme, & je ſerois
ravi de vous rendre ſervice. Mais il y a de certains
impertinens au monde, qui viennent prendre les
gens pour ce qu'ils ne ſont pas : & je vous avoüé que
cela me met en colere.

L E A N D R E.
Je vous demande pardon, Monſieur, de la liberté
que....

S Q a

SGANARELLE.

Vous vous mocquez : dequoy eſt-il queſtion ?

LEANDRE.

Vous ſçaurez donc, Monſieur, que cette maladie
que vous voulez guerir, eſt une feinte maladie. Les
Medecins ont raiſonné là-deſſus, comme il faut ; &
ils n'ont pas manqué de dire, que cela procedoit,
qui du Cerveau, qui des entrailles, qui de la ratte,
qui du Foye. Mais il eſt certain que l'amour en eſt
la veritable cauſe : & que Lucinde n'a trouvé cette
maladie, que pour ſe délivrer d'un mariage, dont
elle eſtoit importunée. Mais de crainte qu'on ne
nous voye enſemble, retirons nous d'ici : & je vous
diray en marchant, ce que je ſouhaite de vous.

SGANARELLE.

Allons, Monſieur, vous m'avez donné pour vô-
tre amour, une tendreſſe qui n'eſt pas concevable :
& j'y perdray toute ma Medecine, ou la Malade cre-
vera, ou bien elle ſera à vous.

Fin du ſecond Acte.

ACTE III.

SCENE I.

SGANARELLE, LEANDRE.

LEANDRE.

IL me ſemble que je ne ſuis pas mal
ainſi, pour un apothiquaire : & comme le Pere ne m'a gueres veu, ce chan-
gement d'habit, & de perruque, eſt
aſſez capable, je croy, de me déguiſer
à ſes yeux.

SGANARELLE.

Sans doute.

LEAN-

L E A N D R E.

Tout ce que je souhaiterois, seroit de sçavoir cinq
ou six grands mots de Medecine, pour parer mon
discours, & me donner l'air d'habile homme.

S G A N A R E L L E.

Allez, allez, tout cela n'est pas necessaire. Il suffit
de l'habit : & je n'en sçay pas plus que vous.

L E A N D R E.

Comment !

S G A N A R E L L E.

Diable emporte, si j'entens rien en Medecine.
Vous estes honneste homme : & je veux bien me
confier à vous, comme vous vous confiez à moy.

L E A N D R E.

Quoy, vous n'estes pas effectivement....

S G A N A R E L L E.

Non, vous dis-je, ils m'ont fait Medecin malgré
mes dents. Je ne m'estois jamais meslé d'estre si sçavant que cela : & toutes mes études n'ont esté que
jusqu'en sixiéme. Je ne sçay point sur quoy cette ima-
gination leur est venuë : mais quand j'ay veu qu'à
toute force ils vouloient que je fusse Medecin, je
me suis resolu de l'estre, aux dépens de qui il appar-
tiendra. Cependant, vous ne sçauriez croire comment l'erreur s'est répanduë : & de quelle façon chacun est endiablé à me croire habile homme. On
me vient chercher de tous les costez : & si les choses
vont toûjours de même, je suis d'avis de m'en tenir
toute ma vie à la Medecine. Je trouve que c'est le
mestier le meilleur de tous : car soit qu'on fasse
bien, ou soit qu'on fasse mal, on est toûjours payé
de même sorte. La méchante besoigne ne retombe
jamais sur nostre dos : & nous taillons, comme il
nous plait, sur l'étoffe où nous travaillons. Un cor-
donnier en faisant des souliers, ne sçauroit gaster un
morceau de cuir, qu'il n'en paye les pots cassez :
mais ici, l'on peut gaster un homme sans qu'il en

couste

coufte rien. Les beveües ne font point pour nous : & c'eft toûjours la faute de celuy qui meurt. Enfin le bon de cette profeffion eft , qu'il y a parmi les morts une honnefteté , une difcretion la plus grande du monde : & jamais on n'en void fe plaindre du Medecin qui l'a tué.

LEANDRE.

Il eft vray que les morts font fort honneftes gens fur cette matiere.

SGANARELLE.

Voyant des hommes qui viennent vers luy.

Voila des gens qui ont la mine de me venir confulter. Allez toûjours m'attandre auprés du logis de voftre Maiftreffe.

SCENE II.

THIBAUT, PERRIN, SGANARELLE.

THIBAUT.

Monfieu , je venons vous charcher mon fils Perrin & moy.

SGANARELLE.

Qu'y a-t-il ?

THIBAUT.

Sa pauvre Mere, qui a nom Parette, eft dans un lit malade , il y a fix mois.

SGANARELLE.

Tendant la main , comme pour recevoir de l'argent.

Que vouiez-vous que j'y faffe ?

THIBAUT.

Je voudrions, Monfieu , que vous nous baillifliez quelque petite droflerie pour la garir.

SGANARELLE.

Il faut voir dequoy eft-ce qu'elle eft malade.

THIBAUT.

Alle eft malade d'hypocrifie , Monfieu.

S G A-

SGANARELLE.

D'hypocrisie ?

THIBAUT.

Ouy, c'est à dire qu'alle est enflée par tout, & l'an dit que c'est quantité de seriositez qu'alle a dans le corps, & que son foye, son ventre, ou sa ratte, comme vous voudrais l'appeller, au glieu de faire du sang, ne fait plus que de liau. Alle a de deux jours l'un, la fièvre quotiguenne, avec des lassitules & des douleurs dans les musles des jambes. On entend dans sa gorge, des fleumes qui sont tout prests à l'étouffer : & parfois, il luy prend des sincoles & des conversions, que je crayons qu'alle est passée. J'avons dans notte village un apothiquaire, reverance parler, qui ly a donné je ne sçay combien d'histoires : & il m'en couste plus d'eune douzaine de bons écus, en lavemens, ne vs'en déplaise, en apostumes, qu'on ly a fait prendre, en infections de Iacinthe, & en portions cordales. Mais tout ça, comme dit l'autre, n'a esté que de l'onguent miton-mitaine. Il veloit ly bailler d'eune certaine drogue que l'on appelle du vin ametile : mais j'ay-s-eu peur, franchement, que ça l'envoyist à patres, & l'an dit que ces gros Medecins tüont je ne sçay combien de monde, avec cette invention-là.

SGANARELLE.

Tendant toûjours la main, & la branlant, comme pour signe qu'il demande de l'argent.

Venons au fait, mon amy, venons au fait.

THIBAUT.

Le fait est, Monsieu, que je venons vous prier de nous dire ce qu'il faut que je fassions.

SGANARELLE.

Je ne vous entens point du tout.

PERRIN.

Monsieu, ma Mere est malade, & vela deux

Licus

Efcus que je vous apportons , pour nous bailler
queuque remede.

S G A N A R E L L E.

Ah ! je vous entens vous. Voila un garçon qui
parle clairement , qui s'explique comme il faut.
Vous dites que voftre Mere eft malade d'hydropifie,
qu'elle eft enflée par tout le corps, qu'elle a la fievre , avec des douleurs dans les jambes : & qu'il luy
prend parfois des fincopes , & des convulfions , c'eft
à dire des évanouïffemens.

P E R R I N.

Eh ouy, Monfieu, c'eft juftement ça.

S G A N A R E L L E.

J'ay compris d'abord vos paroles. Vous avez un
Pere qui ne fçait ce qu'il dit. Maintenant , vous me
demandez un remede ?

P E R R I N.

Ouy , Monfieu.

S G A N A R E L L E.

Un remede pour la guerir ?

P E R R I N.

C'eft comme je l'entendons.

S G A N A R E L L E.

Tenez , voila un morceau de formage , qu'il faut
que vous luy faffiez prendre.

P E R R I N.

Du fromage , Monfieu.

S G A N A R E L L E.

Ouy, c'eft un formage preparé , où il entre de
l'or, du coral , & des perles , & quantité d'autres
chofes precieufes.

P E R R I N.

Monfieu, je vous fommes bien obligez : & jalons
ly faire prendre ça tout à l'heure.

S G A N A R E L L E.

Allez. Si elle meurt , ne manquez pas de la faire
enterrer du mieux que vous pourrez.

S C E-

SCENE III.
JACQUELINE, SGANARELLE, LUCAS.

SGANARELLE.

Voici la belle nourrice. Ah nourrice de mon cœur, je suis ravi de cette rencontre : & voſtre veuë eſt la rhubarbe, la caſſe & le ſené, qui purgent toute la melancolie de mon ame.

JACQUELINE.

Par ma figué, Monſieu le Medecin, ça eſt trop bian dit pour moy : & je n'entens rien à tout votre latin.

SGANARELLE.

Devenez malade, nourrice, je vous prie, devenez malade pour l'amour de moy. J'aurois toutes les joies du monde de vous guerir.

JACQUELINE.

Je ſis votte ſarvante, j'aime bien mieux qu'an ne me gueriſſe pas.

SGANARELLE.

Que je vous plains, belle nourrice, d'avoir un mari jaloux & faſcheux, comme celuy que vous avez !

JACQUELINE.

Que velez-vous, Monſieu, c'eſt pour la penitence de mes fautes : & là où la chevre eſt liée, il faut bian qu'alle y broute.

SGANARELLE.

Comment, un ruſtre comme cela ! Un homme qui vous obſerve toûjours, & ne veut pas que perſonne vous parle !

JACQUELINE.

Helas ! vous n'avez rien veu encore : & ce n'eſt qu'un petit échantillon de ſa mauvaiſe humeur.

C

SGA-

SGANARELLE.

Est-il possible, & qu'un homme ait l'ame assez basse, pour maltraitter une personne comme vous ? Ah que j'en sçay, belle nourrice, & qui ne sont pas loin d'ici, qui se tiendroient heureux de baiser seulement les petits bouts de vos petons ! Pourquoy faut-il qu'une personne si bien faite, soit tombée en de telles mains : & qu'un franc animal, un brutal, un stupide, un sot.... Pardonnez moy, nourrice, si je parle ainsi de vostre mari.

JACQUELINE.

Eh, Monsieu, je sçay bien qu'il merite tous ces noms-là.

SGANARELLE.

Ouy, sans doute, nourrice, il les merite : & il meriteroit encore que vous luy missiez quelque chose sur la teste, pour le punir des soupçons qu'il a.

JACQUELINE.

Il est bien vray, que si je n'avois devant les yeux, que son interest, il pourroit m'obliger à queuque étrange chose.

SGANARELLE.

Ma foy, vous ne feriez pas mal de vous vanger de luy, avec quelqu'un. C'est un homme, je vous le dy, qui merite bien cela : & si j'estois assez heureux, belle nourrice, pour estre choisi pour....

En cet endroit, tous deux appercevant Lucas, qui estoit derriere eux, & entendoit leur dialogue, chacun se retire de son costé, mais le Medecin d'une maniere fort plaisante.

SCENE IV.

GERONTE, LUCAS.

GERONTE.

HOla, Lucas, n'as-tu point veu ici nostre Medecin ?

LUCAS.

Et ouy, de par tous les diantres, je l'ay veu, &
ma femme auſſy.

GERONTE.

Où eſt-ce donc qu'il peut eſtre?

LUCAS.

Je ne ſçay: mais je voudrois qu'il fuſt à tous les
guebles.

GERONTE.

Va t'en voir un peu ce que fait ma fille.

SCENE V.

SGANARELLE, LEANDRE, GERONTE.

GERONTE.

AH! Monſieur, je demandois où vous eſtiez.

SGANARELLE.

Je m'eſtois amuſé dans voſtre cour, à expulſer
le ſuperflu de la boiſſon. Comment ſe porte la malade?

GERONTE.

Un peu plus mal, depuis voſtre remede.

SGANARELLE.

Tant mieux. C'eſt ſigne qu'il opere.

GERONTE.

Ouy, mais en operant, je crains qu'il ne l'é-
touffe.

SGANARELLE.

Ne vous mettez pas en peine: j'ay des remedes
qui ſe mocquent de tout, & je l'attens à l'ago-
nie.

GERONTE.

Qui eſt cet homme-là que vous amenez?

SGANARELLE.

Faisant des signes avec la main que c'est un apoticaire.

C'est.

GERONTE.

Quoy ?

SGANARELLE.

Celuy.

GERONTE.

Eh.

SGANARELLE.

Qui.

GERONTE.

Je vous entens.

SGANARELLE.

Voſtre fille en aura beſoin.

SCENE VI.

JACQUELINE, LUCINDE, GERONTE, LEANDRE, SGANARELLE.

JACQUELINE.

M Onſieu, vela voſtre fille qui veut un peu marché.

SGANARELLE.

Cela luy fera du bien. Allez vous en, Monſieur l'apothicaire, taſter un peu ſon pouls, afin que je raiſonne tantoſt avec vous de ſa maladie.

En cet endroit, il tire Geronte à un bout du theatre, & luy paſſant un bras ſur les épaules, luy rabat la main ſous le menton, avec laquelle il le fait retourner vers luy, lors qu'il veut regarder ce que ſa fille & l'apothicaire font enſemble, luy tenant cependant le diſcours ſuivant, pour l'amuſer.

Monſieur, c'eſt une grande & ſubtile queſtion entre

tre les doctes, de sçavoir si les femmes sont plus
faciles à guerir que les hommes? Je vous prie d'é-
couter ceci, s'il vous plaist. Les uns disent que
non, les autres disent que ouy : & moy je dis que
ouy, & non. Dautant que l'incongruïté des humeurs opaques, qui se rencontrent au tempera-
ment naturel des femmes, estant cause que la partie brutale veut toûjours prendre empire sur la sen-
sitive, on voit que l'inégalité de leurs opinions dé-
pend du mouvement oblique du cercle de la lune :
& comme le soleil, qui darde ses rayons sur la concavité de la terre, trouve....

L U C I N D E.

Non, je ne suis point du tout capable de changer
de sentimens.

G E R O N T E.

Voila ma fille qui parle. O grande vertu du remede ! ô admirable Medecin ! Que je vous suis o-
bligé, Monsieur, de cette guerison merveilleuse : &
que puis-je faire pour vous, aprés un tel service !

S G A N A R E L L E.

Se promenant sur le theatre, & s'essuiant le front.

Voila une Maladie, qui m'a bien donné de la
peine !

L U C I N D E.

Ouy, mon pere, j'ay recouvré la parole : mais je
l'ay recouvrée pour vous dire que je n'auray jamais
d'autre époux que Leandre, & que c'est inutilement
que vous voulez me donner Horace.

G E R O N T E.

Mais....

L U C I N D E.

Rien n'est capable d'ébranler la resolution que
j'ay prise.

G E R O N T E.

Quoy....

C 3   L U-

LUCINDE.

Vous m'opposerez en vain de belles raisons.

GERONTE.

Si....

LUCINDE.

Tous vos discours ne serviront de rien.

GERONTE.

Je....

LUCINDE.

C'est une chose où je suis determinée.

GERONTE.

Mais....

LUCINDE.

Il n'est puissance paternelle, qui me puisse obliger à me marier malgré-moy.

GERONTE.

J'ay....

LUCINDE.

Vous avez beau faire tous vos efforts.

GERONTE.

Il....

LUCINDE.

Mon cœur ne sçauroit se soumettre à cette tyrannie.

GERONTE.

Là....

LUCINDE.

Et je me jetteray plûtost dans un convent, que d'épouser un homme que je n'aime point.

GERONTE.

Mais....

LUCINDE.

Parlant d'un ton de voix à étourdir.

Non. En aucune façon. Point d'affaire. Vous perdez le temps. Je n'en feray rien. Cela est resolu.

GERONTE.

Ah! quelle impetuosité de paroles, il n'y a pas
moyen

moyen d'y resister. Monsieur, je vous prie de la faire redevenir müette.

SGANARELLE.

C'est une chose qui m'est impossible. Tout ce que je puis faire pour vostre service, est de vous rendre sourd, si vous voulez.

GERONTE.

Je vous remercie. Penses-tu donc....

LUCINDE.

Non, toutes vos raisons ne gagneront rien sur mon ame.

GERONTE.

Tu épouseras Horace, dés ce soir.

LUCINDE.

J'épouseray plûtost la mort.

SGANARELLE.

Mon Dieu, arrestez-vous, laissez moy medicamenter cette affaire. C'est une maladie qui la tient : & je sçay le remede qu'il y faut apporter.

GERONTE.

Seroit-il possible, Monsieur, que vous pussiez aussi guerir cette maladie d'esprit ?

SGANARELLE.

Ouy, laissez-moy faire, j'ay des remedes pour tout : & nostre apothaicaire nous servira pour cette cure.

Il appelle l'apothicaire & luy parle.

Un mot. Vous voyez que l'ardeur qu'elle a pour ce Leandre, est tout à fait contraire aux volontez du Pere, qu'il n'y a point de temps à perdre, que les humeurs sont fort aigries, & qu'il est necessaire de trouver promptement un remede à ce mal qui pourroit empirer par le retardement. Pour moy je n'y en vois qu'un seul, qui est une prise de fuitte purgative, que vous meslerez comme il faut, avec deux drachmes de matrimonium en pilules. Peuteastre fera-t-elle quelque difficulté à prendre ce re-

mede : mais comme vous estes habile homme
dans voftre métier , c'est à vous de l'y resoudre,
& de luy faire avaller la chose du mieux que vous
pourrez. Allez-vous-en luy faire faire un petit tour
de jardin , afin de preparer les humeurs , tandis
que j'entretiendray ici son Pere : mais sur tout, ne
perdez point de temps. Au remede , viste au remede
specifique.

SCENE VII.

GERONTE, SGANARELLE.

GERONTE.

Quelles drogues , Monsieur , sont celles que
vous venez de dire ? Il me semble que je ne les
ay jamais oui nommer.

SGANARELLE.

Ce sont drogues dont on se sert dans les necessitez
urgentes.

GERONTE.

Avez-vous jamais veu une insolence pareille à la
sienne ?

SGANARELLE.

Les filles sont quelquefois un peu testuës.

GERONTE.

Vous ne sçauriez croire comme elle est affolée de
ce Leandre.

SGANARELLE.

La chaleur du sang fait cela dans les jeunes e-
sprits.

GERONTE.

Pour moy , dés que j'ay eu découvert la violence
de cet amour, j'ay sceu tenir toûjours ma fille renfermée.

SGANARELLE.

Vous avez fait sagement.

G E-

GERONTE.

Et j'ay bien empefché qu'ils n'ayent eu communication enfemble.

SGANARELLE.

Fort bien.

GERONTE.

Il feroit arrivé quelque folie, fi j'avois fouffert qu'ils fe fuffent veus.

SGANARELLE,

Sans doute.

GERONTE.

Et je croy qu'elle auroit efté fille à s'en aller avec luy.

SGANARELLE.

C'eft prudemment raifonné.

GERONTE.

On m'avertit qu'il fait tous fes efforts pour luy parler.

SGANARELLE.

Quel drofle.

GERONTE.

Mais il perdra fon temps.

SGANARELLE.

Ah, ah.

GERONTE.

Et j'empefcheray bien qu'il ne la voie.

SGANARELLE.

Il n'a pas affaire à un fot, & vous fçavez des rubriques qu'il ne fçait pas, plus fin que vous n'eft pas befte.

SCENE VIII.

LUCAS, GERONTE, SGANARELLE,

LUCAS.

AH palfanguenne, Monfieu, vaici bian du tintamarre, votte fille s'en eft enfuïe avec fon
Lian-

Liandre, c'eſtoit luy qui eſtoit l'apothicaire, & vela Monſieu le Medecin, qui a fait cette belle opera-
tion-là.

GERONTE.

Comment, m'aſſaſſiner de la façon ? Allons, un
Commiſſaire, & qu'on empéche qu'il ne ſorte. Ah
traiſtre, je vous feray punir par la juſtice.

LUCAS.

Ah par ma fy, Monſieu le Medecin, vous ſerez
pendu, ne bougez de là ſeulement.

SCENE IX.

MARTINE, SGANARELLE, LUCAS.

MARTINE.

AH ! mon Dieu, que j'ay eu de peine à trouver ce
logis : dites-moy un peu des nouvelles du Medecin que je vous ay donné.

LUCAS.

Le vela, qui va eſtre pendu.

MARTINE.

Quoy, mon mari pendu, helas qu'a-t-il fait pour
cela ?

LUCAS.

Il a fait enlever la fille de notte Maiſtre.

MARTINE.

Helas ! mon cher mari, eſt-il bien vray qu'on te
va pendre ?

SGANARELLE.

Tu vois, ah.

MARTINE.

Faut-il que tu te laiſſes mourir en preſence de tant
de gens ?

SGANARELLE.

Que veux-tu que j'y faſſe.

MAR-

M A R T I N E.

Encore, si tu avois achevé de couper noſtre bois,
je prendrois quelque conſolation.

S G A N A R E L L E.

Retire-toy de là, tu me fends le cœur.

M A R T I N E.

Non, je veux demeurer pour t'encourager à la
mort : & je ne te quitteray point, que je ne t'aye
veu pendu.

S G A N A R E L L E.

Ah ?

S C E N E X.

GERONTE, SGANARELLE,
MARTINE, LUCAS.

G E R O N T E.

L E Commiſſaire viendra bien-toſt, & l'on s'en va
vous mettre en lieu, où l'on me répondra de
vous.

S G A N A R E L L E.
Le chapeau à la main.

Helas, cela ne ſe peut-il point changer en quelques coups de baſton ?

G E R O N T E.

Non non, la juſtice en ordonnera.... Mais que
vois-je ?

SCENE XI. & derniere.

LEANDRE, LUCINDE, JACQUELINE,
LUCAS, GERONTE, SGANA-
RELLE, MARTINE.

L E A N D R E.

M Onſieur, je viens faire paroiſtre Leandre à vos
yeux, & remettre Lucinde en voſtre pouvoir,

nous

nous avons eu deſſein de prendre la fuite nous
deux, & de nous aller marier enſemble : mais cette
entrepriſe a fait place à un procedé plus honneſte :
je ne pretens point vous voller voſtre fille, & ce n'eſt
que de voſtre main que je veux la recevoir : ce que
je vous diray, Monſieur, c'eſt que je viens tout à
l'heure de recevoir des lettres, par où j'apprens que
mon oncle eſt mort, & que je ſuis heritier de tou-
ſes biens.

GERONTE.

Monſieur, voſtre vertu m'eſt tout à fait conſide-
rable, & je vous donne ma fille avec la plus grande
joie du monde.

SGANARELLE.

La Medecine l'a échappé belle.

MARTINE.

Puiſque tu ne ſeras point pendu, rens-moy grace
d'eſtre Medecin : car c'eſt moy qui t'ay procuré
honneur.

SGANARELLE.

Ouy, c'eſt toy qui m'as procuré je ne ſçay combien de coups de baſton.

LEANDRE.

L'effet en eſt trop beau, pour en garder du reſſen-
timent.

SGANARELLE.

Soit, je te pardonne ces coups de baſton, en fa-
veur de la dignité où tu m'as élevé, mais prepare-
toy deſormais à vivre dans un grand reſpect avec un
homme de ma conſequence, & ſonge que la colere
d'un Medecin eſt plus à craindre qu'on ne peut
croire.

F I N.